Para John Briggs

Se agradece especialmente al Servicio Nacional de Meteorología
en Burlington, Vermont, y a Chris Vaccaro de la Oficina
Nacional de Administración Oceánica y Atmosférica

Library of Congress Cataloging-in-Publication Data is available.

ISBN: 978-0-8234-5706-9 (Spanish paperback)
ISBN: 978-0-8234-4171-6 (English hardcover as *Weather
Words and What They Mean* (*New Edition*))

El clima cambia de un día para otro. Hay palabras que sirven para hablar de cómo está el tiempo afuera.

3

TEMPERATURA

La posición del sol y otros factores provocan cambios de temperatura.

El clima se compone de la temperatura, la presión atmosférica, la cantidad de humedad que hay en el aire y la velocidad con la que se mueve el viento.

PRESIÓN ATMOSFÉRICA

La presión atmosférica es la fuerza que ejerce el peso del aire sobre la tierra.

HUMEDAD

La humedad del aire proviene del agua que se evapora, principalmente de los océanos.

El viento es el aire en movimiento.

VIENTO

TEMPERATURA

La temperatura sube y baja. Cuando sale el sol por la mañana, el aire se calienta y la temperatura sube.

Cuando baja el sol, el aire se vuelve más fresco y la temperatura baja.

La temperatura también cambia con las estaciones. En el verano, el sol está alto en el cielo. Los días son cálidos y más largos.

En invierno, el sol está bajo en el cielo. Los días son fríos y más cortos.

PRESIÓN ATMOSFÉRICA

La alta presión se produce cuando las moléculas del aire están muy juntas. El aire suele ser fresco y seco. La alta presión, en general, se asocia con el buen clima.

ALTA PRESIÓN

BAJA PRESIÓN

La baja presión se da cuando las moléculas de aire están más separadas. El aire suele ser cálido y húmedo. Cuando hay presión baja se pueden formar tormentas.

HUMEDAD

HÚMEDO

La cantidad de vapor de agua en el aire se llama humedad. El aire caliente tiene más humedad que el aire frío.

Por la noche, cuando el aire se enfría, no puede retener tanta humedad. La humedad que se forma sobre la tierra se llama rocío.

Si la temperatura desciende por debajo del punto de congelación, el rocío se congela. Entonces se forma escarcha y se llama helada.

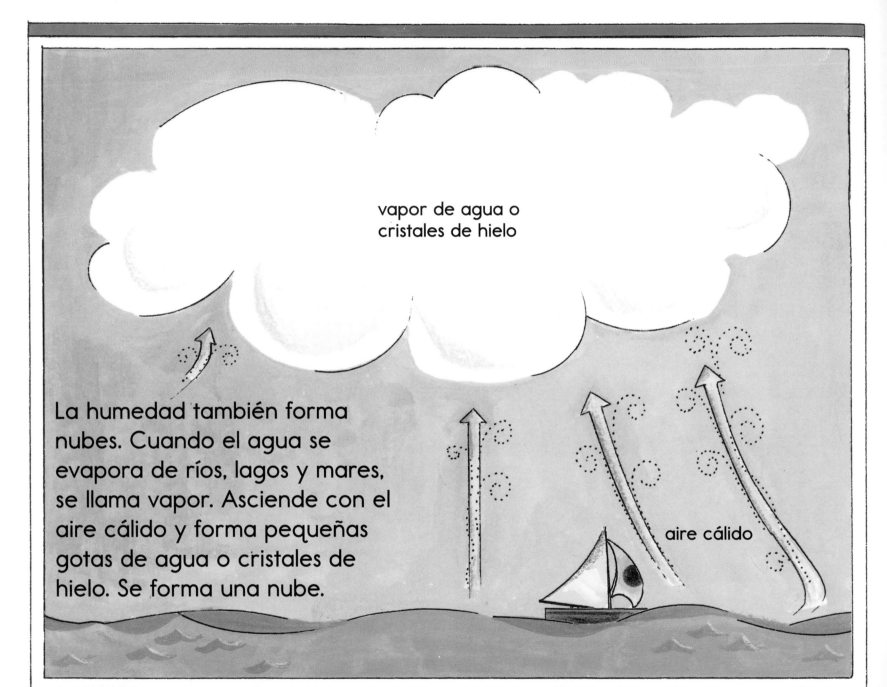

vapor de agua o
cristales de hielo

La humedad también forma
nubes. Cuando el agua se
evapora de ríos, lagos y mares,
se llama vapor. Asciende con el
aire cálido y forma pequeñas
gotas de agua o cristales de
hielo. Se forma una nube.

aire cálido

Las nubes tienen varias formas y tamaños. Hay tres tipos principales de nubes.

PARCIALMENTE NUBLADO

Los cirros son las nubes más altas. También se asocian con el buen tiempo.

NUBLADO

Los estratos son nubes bajas y grises. A veces traen lluvia o nieve.

Los cúmulos son esponjosos. Se asocian con el buen tiempo.

PARCIALMENTE SOLEADO

Hay otros tipos de nubes con nombres largos. Son combinaciones de cúmulos, cirros y estratos.

PARCIALMENTE SOLEADO

Los cirrocúmulos suelen indicar que el tiempo está cambiando.

Los cirrostratos suelen traer lluvia o nieve.

NUBLADO

Los nimbostratos traen lluvia o nieve.

Los altostratos suelen traer lluvia o nieve.

PARCIALMENTE NUBLADO

Los altocúmulos pueden provocar lluvias o neviscas. A veces el sol brilla a través de ellos.

NUBLADO

Los estratocúmulos suelen aparecer en invierno.

Los cumulonimbos son nubes de tormenta.

Una nube cercana a la
superficie de la tierra
se llama niebla.

NIEBLA

La lluvia se forma dentro de las nubes de lluvia. El vapor de agua que se evapora desde abajo forma pequeñas gotas de agua.

Las gotitas se unen y se convierten en gotas más grandes.

Cuando pesan lo suficiente, caen.

LLUVIA

La lluvia cae de diferentes maneras.

LLOVIZNA

La llovizna es cuando las gotas de lluvia son muy pequeñas.

CHUBASCO

Un chubasco es una lluvia breve.

Una lluvia normal es una precipitación constante.

LLUVIA

TORMENTA

Una tormenta es cuando hay fuertes vientos y mucha lluvia.

A veces hay inundaciones cuando cae mucha lluvia o cuando llueve durante mucho tiempo.

TORMENTA ELÉCTRICA

¡Las tormentas eléctricas pueden ser poderosas y ruidosas! Muchas gotitas de agua se agitan dentro de la nube a velocidades muy altas.

Cuando chocan unas contra otras, generan electricidad.

Cuando se acumula suficiente electricidad, atraviesa la nube y destella. Esto se llama relámpago. El relámpago calienta el aire a su alrededor. El aire caliente se expande y... ¡PUM! Hace un ruido fuerte llamado trueno.

TRUENO

RELÁMPAGO

ARCOÍRIS

¡A todos les encanta mirar un arcoíris! Esto puede suceder mientras llueve o justo después de que deja de llover. Cuando los rayos del sol brillan a través de las gotas de lluvia, la luz se separa en siete colores. Aparece un arcoíris.

A veces en invierno nieva.
Los cristales de nieve se
forman cuando la humedad se
congela dentro de las nubes.

Cuando los cristales de
nieve se unen, forman
copos de nieve.

Cuando pesan lo suficiente,
caen.

NIEVE

La nieve cae a la tierra de diferentes maneras.

NEVISCAS

Las neviscas son cuando nieva ligeramente.

TORMENTA DE NIEVE

Una tormenta de nieve es cuando cae mucha nieve. Puede hacer viento.

La aguanieve es nieve que se derrite y se vuelve a congelar antes de tocar la tierra.

AGUANIEVE

NIEVE

Una nevada normal ocurre cuando hay poco o ningún viento.

VENTISCA

Una ventisca es una tormenta de nieve con fuertes vientos. El viento aúlla mientras la nieve se acumula.

GRANIZO

A veces graniza. Dentro de la nube, las gotas de vapor de agua suben y se congelan, acumulando una capa tras otra de cristales de hielo. Cuando pesan lo suficiente, cae el granizo. Los granizos pueden ser tan pequeños como un chícharo o tan grandes como una pelota de béisbol.

VIENTO

El viento se produce cuando el aire cálido sube y el aire más frío entra para reemplazarlo. Las temperaturas cálidas y frescas afectan la velocidad y dirección del viento. La dirección del viento es de donde viene el viento.

aire cálido

aire fresco

RACHEADO

CON BRISA

VENTOSO

Cuando el viento sopla con más y más fuerza, se desarrolla una tormenta de viento. Hay muchos tipos de tormentas de viento. A veces causan daños.

Un huracán es una tormenta de viento en forma de espiral que proviene de los trópicos.

HURACÁN

Un vendaval es una tormenta de viento fuerte.

VENDAVAL

Un tornado es una tormenta de viento con forma de embudo que gira.

TORNADO

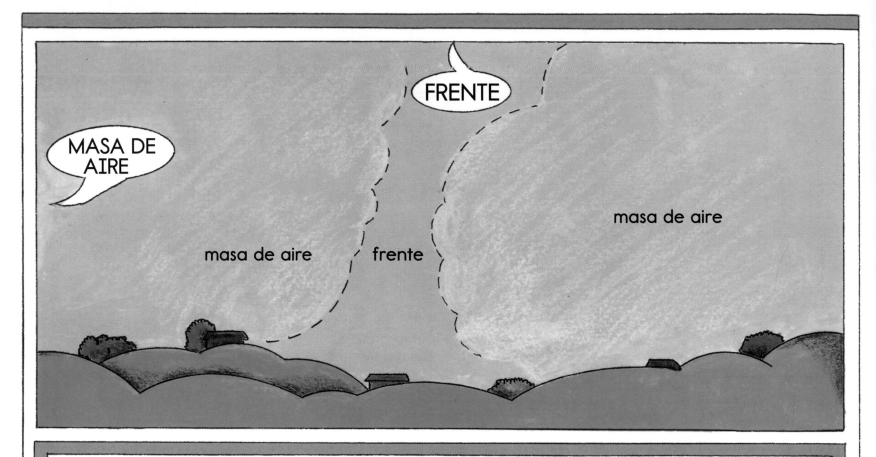

Las diversas combinaciones de temperatura, presión atmosférica, humedad y viento crean diferentes condiciones climáticas. Un gran cuerpo de aire con condiciones uniformes se llama masa de aire. El límite entre dos masas de aire se llama frente. Este límite es donde cambia el clima.

El clima rara vez es el mismo de un día a otro. Por eso es tan interesante.

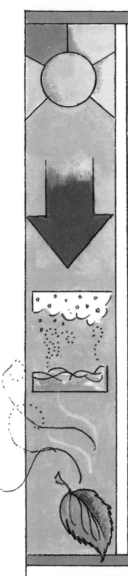

 El lugar no polar más árido de la tierra es el desierto de Atacama en Chile.

 Hace muchos años, en Francia, un tornado cruzó un estanque y se llevó todo su contenido. En el lugar donde se detuvo el tornado, ¡la gente recibió una lluvia sorpresa de peces y ranas!

 Hay suficiente electricidad en un relámpago para iluminar una pequeña ciudad por un día.

 Llueve más días al año en Kauai, Hawái, que en cualquier otro lugar del mundo. Allí llueve unos 350 días al año.

 La velocidad del viento más alta jamás registrada fue de 407 kilómetros por hora (253 mph) en 1996, en la isla Barrow de Australia.

 El sonido viaja a 343 metros (1125 pies) por segundo. Si estás a un kilómetro de distancia del relámpago, el sonido del trueno tardará unos tres segundos en llegar hasta ti.

 La temperatura más fría jamás registrada se presentó en la Antártida. Hacía –89.2° centígrados (–128° Fahrenheit).

 La temperatura más caliente registrada ocurrió en el Valle de la Muerte, California. Hacía 56.7° centígrados (134° Fahrenheit). La mayoría de los científicos piensan que la Tierra se está calentando y que esto está cambiando los patrones climáticos.

RECUERDA...

Cuando dan el pronóstico del tiempo, si se emite aviso de tormenta, presta atención. Ten cuidado.